Fotos © Agentur COLIBRI: P. Etcheverry: Titelfoto, S. 15 (u.); A.-M. Loubsens: Foto der Rückseite, S. 29 (u.); P. Dupré: S. 4, S. 24-25; A. Christof: S. 6-7; A. Roussel: S. 6 (u.); P. Fontaine: S. 8; J. Joannet: S. 9 (o.l.), S. 28 (u.); P. Raynaud: S. 9 (o.r.); F. und J.-L. Ziegler: S. 9 (u.), S. 10-11 (u.); S. 11 (o.), S. 15 (o.), S. 18 (o.), S. 21 (u.r.), S. 28 (o.), S. 29 (o.l.); J.-M. Pouyfourcat: S. 10 (o.), S. 16 (u.); P. Granval: S. 10 (u.); J.-M. Prévot: S. 12 (u.); L. Gineste: S. 12-13 (o.), S. 16 (o.); A. Auricoste: S. 13 (u.l.); A. Gioanni: S. 13 (u.r.); N. Vanneyre: S. 14, S. 17 (o.); J. Ginestous: S. 17 (u.); G. Bonnafous: S. 18-19; S. Bréal: S. 19 (o.); D. Milovidoff: S. 19 (u.); Dengreville: S. 20; L. Chaix: S. 21 (o.); M. Amat: S. 21 (u.l.), S. 27 (u.); A. Labat: S. 22-23; J.-Y. Lavergne: S. 22 (o.); Lavergne/Bréal: S. 22 (Mitte und u.); J.-L. Paumard: S. 25 (o.); C. Lavergne: S.26 (u.); J. Delpech: S. 26-27 (o.); E. Baccega: S. 29 (o.r.)

© 2002 Éditions MILAN - 300, rue Léon-Joulin, 31101 Toulouse Cedex 9, Frankreich.
Die französische Originalausgabe erschien erstmals 2002 unter dem Titel
»Le mouton, boule de laine« bei Éditions Milan; www.editionsmilan.com
Herausgeberin: Valérie Tracqui

2. Auflage 2010
Alle Rechte der deutschsprachigen Ausgabe:
© 2008 Esslinger Verlag J.F. Schreiber
Anschrift: Postfach 10 03 25, 73703 Esslingen
www.esslinger-verlag.de
ISBN 978-3-480-22409-8

Meine große Tierbibliothek

Das Schaf

Text von Émilie Dubois

Fotos von der Agentur COLIBRI

Aus dem Französischen von Anne Brauner

esslinger

 Schafe passen sich an ihre Umgebung an. Egal, ob dort, wo sie leben, viel oder wenig Gras wächst.

Herdentiere

Der Sommer geht zu Ende. Auf der Weide treibt der Hirtenhund die Herde zusammen. Wau! Wau! Die Schafe fühlen sich im Gedränge besonders sicher. Sie sind nicht gerne allein und fühlen sich auch in Gesellschaft von Ziegen wohl. Deren starker Geruch vermischt sich mit dem der Schafherde zu einem unverwechselbaren Duft. Vor dem Schafstall warten die Schafe darauf, heimkehren zu dürfen.

Je nachdem, ob der Bauer Fleisch, Wolle oder Milch benötigt, züchtet er eine bestimmte Rasse.

Ein seltsames Tier

Schafe sehen merkwürdig aus. Sie haben einen rundlichen Körper mit einem dicken Wollmantel. Doch unter dem dicken Fell verstecken sich empfindliche Wesen. Beim leisesten Geräusch wenden sie den Kopf, stellen die Ohren auf und lauschen, woher das Geräusch kommt. Die Hörner des Schafbocks sehen vielleicht furchterregend aus, aber er tut keinem etwas zu Leide. Schafe sind friedliche Tiere.

Schafe haben bewegliche Ohren, die sie in sämtliche Richtungen drehen können.

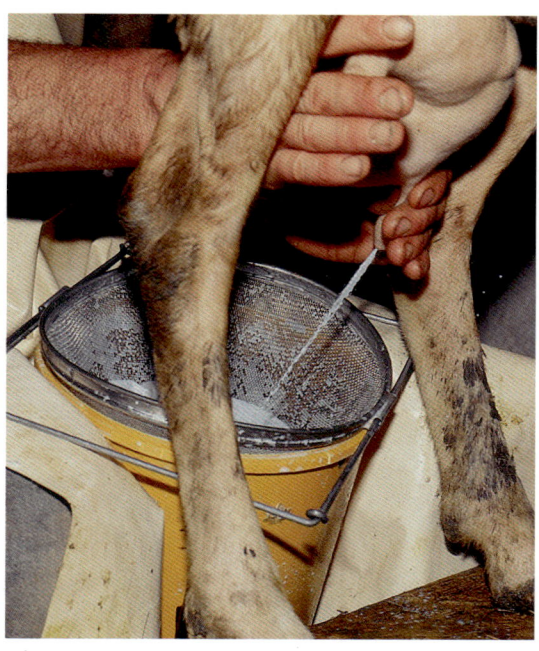

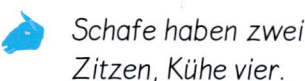 *Schafe haben zwei Zitzen, Kühe vier.*

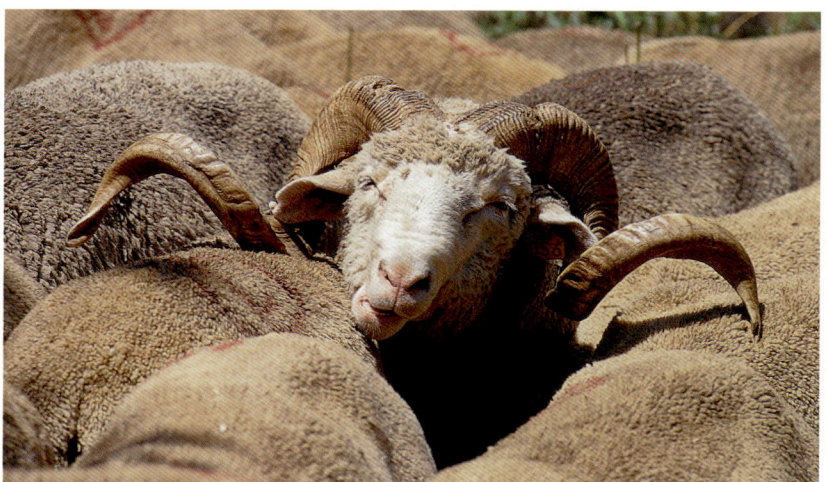

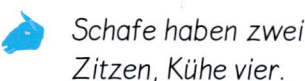 *Bei den Merino-schafen haben nur die Böcke Hörner. Bei anderen Rassen tragen auch weibliche Schafe Hörner.*

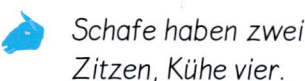 *Das Hausschaf hat weiß gelocktes Fell. Je nach Rasse kann die Wolle aber auch schwarz, braun oder glatt sein.*

Schaf und Bock beschnuppern sich vor der Paarung.

Der Schafbock riecht den Duft des brünstigen Weibchens.

Lämmchen

Fünf Monate nach der Paarung ist der Bauch des Mutterschafs richtig dick geworden. Es ist nervös, kratzt am Boden und blökt.

Der Schäfer versteht die Anzeichen: Bald werden ihre Lämmer geboren. Er lässt das Schaf im Stall in Ruhe und wartet ab, ob es bei der Geburt seine Hilfe braucht. Das Lämmchen ist nach der Geburt noch rosig und feucht. Seine Mutter leckt es trocken, um es zu wärmen und seinen Duft zu schnuppern.

Das Mutterschaf wird das Lamm sein ganzes Leben lang am Geruch erkennen.

Bei manchen Rassen kommen häufig Zwillingsgeburten vor. Auch Drillinge sind nicht selten.

Mama Schaf

Das Lamm läuft mit seinen Freunden über die Weide. Noch hat es vor nichts Angst. Aber seine Mama passt gut auf! Wenn es zu weit wegläuft, holt sie es in den Schutz der Herde zurück.
Es wird langsam kalt und der Schäfer sorgt für ein Dach über dem Kopf. Er gibt den Schafen Heu und Stroh als Futter. Die Lämmer trinken die nahrhafte Muttermilch.

Bei der geringsten Gefahr flüchtet das Mutterschaf mit den Lämmchen.

Einen Monat lang saugen die neugeborenen Lämmer Muttermilch. Lecker!

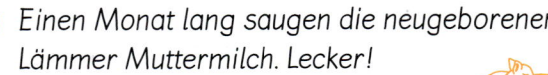

Im Winter fressen Mutterschafe täglich 1–2 Kilo Heu.

Das Lamm leckt an einem Salzstein. Salz ist wichtig für den Aufbau der Knochen.

 Dieses Lämmchen hat sich verirrt. Blökend ruft es nach seiner Mutter.

Der Züchter markiert die Lämmer und schneidet ihnen ein Stück vom Schwanz ab. Das tut nicht weh!

Der Hund holt ein verirrtes Mutterschaf zurück, das für streunende hungrige Hunde eine leichte Beute wäre.

Die Welt entdecken

Von Januar oder Februar an dürfen die Mutterschafe auf der Weide frisches Gras fressen. Plötzlich hört ein Schaf ein Geräusch und rennt ängstlich davon. Blökend läuft die ganze Herde hinterher. Mäh! Mäh! Keine Aufregung – es war nur ein Traktor auf der Durchfahrt. Der Hirtenhund treibt die Schafe wieder zusammen. Sie müssen keine Angst haben.

Im Frühling

Schafe sind Wiederkäuer. Sie schlucken das Gras hinunter, dann kommt es wieder ins Maul zurück und wird nochmal gut durchgekaut.

Schafe fressen sehr gern Blätter von Bäumen und Sträuchern.

Beim Fressen klemmen die Schafe Grashalme zwischen den Zähnen fest und rupfen oder knabbern sie dann ab.

Ob Schaf oder Bock – sogar die Lämmer werden geschoren.

Im Frühling hat die Sonne schon viel Kraft und den Schafen wird unter ihrer dicken Wolle warm. Der Schäfer schert deshalb einem nach dem anderen geschickt das Fell. Er tut ihnen dabei nicht weh und sie gewöhnen sich daran, jedes Jahr von Neuem geschoren zu werden.

Ab Mai werden die Schafe geschoren. Dazu benutzt man Scheren, Rasierapparate oder Schermaschinen.

Manche Bauern vertrauen ihre Herde einem einzigen Schäfer an.
Dieser kümmert sich mit seinen treuen Helfern, den Hunden, um bis zu dreihundert Tiere.

Der große Aufbruch

Heute geht es los! Mehrere Herden verlassen die Ställe zum Almauftrieb. Die Schafe werden auf die Alm getrieben, wo das Gras nahrhafter ist. Der Schäfer führt sie entweder selbst in die Berge oder lässt sie mit dem Lastwagen dorthin bringen. Was für ein Fest! Von Zeit zu Zeit hört man das Klingeln der Glöckchen oder das fröhliche Blöken der Schafe.

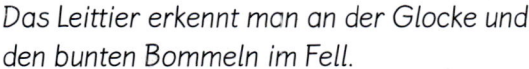
Das Leittier erkennt man an der Glocke und den bunten Bommeln im Fell.

Heu für den Winter

Die Herde bleibt den Sommer über auf der Alm. Dort ist das Gras nahrhaft und die Luft angenehm frisch.

Inzwischen sind die Wiesen unten im Tal gelb geworden. Da sich der Schäfer um seine Tiere kümmert, kann der Bauer auf seinem Land das Futter einfahren. Mit dem Heu ernährt er die Schafe nach ihrer Rückkehr von der Alm. Das Stroh dient im Stall als Streu.

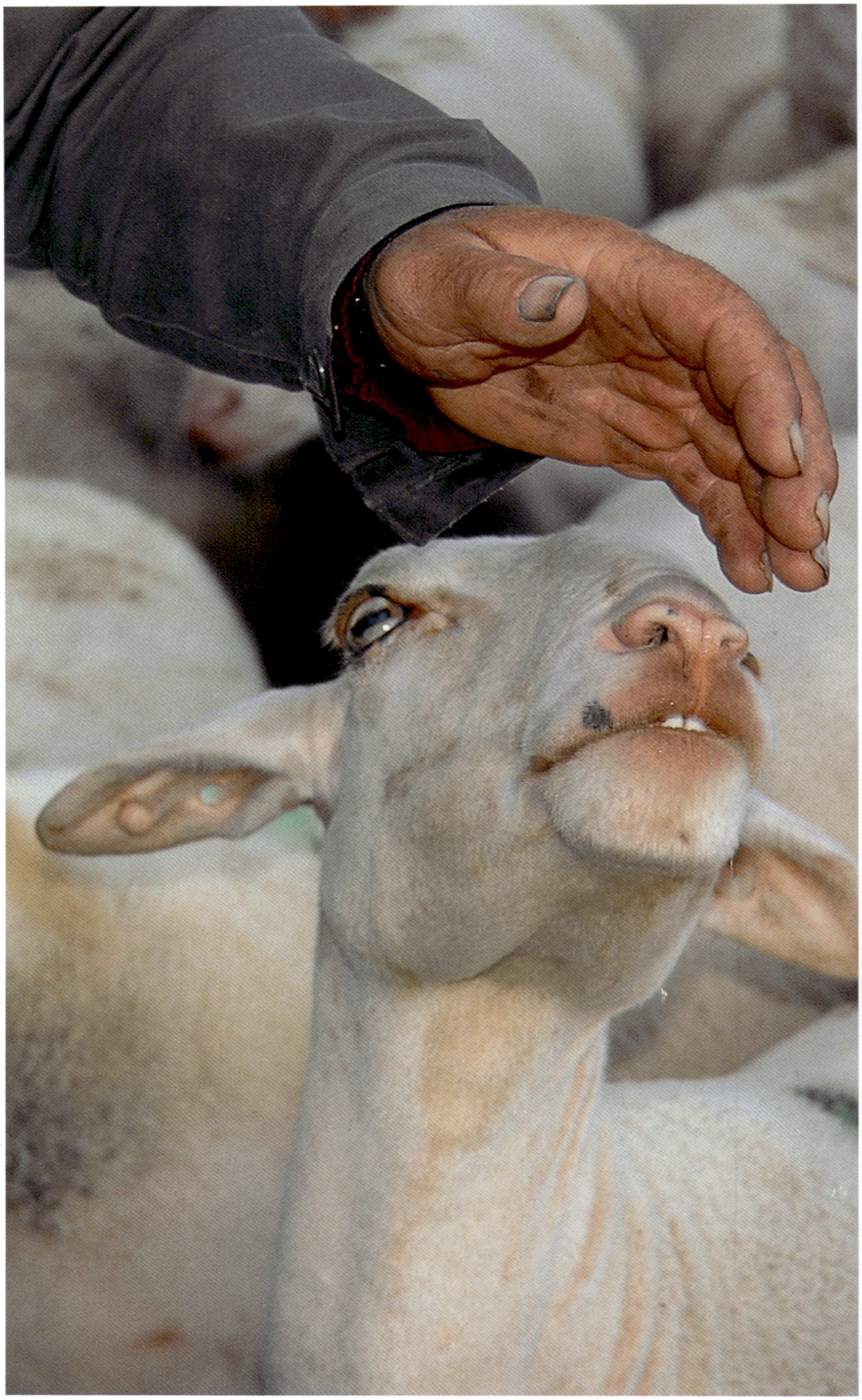

 Der Schäfer streichelt das Schaf, weil es die Herde gut geführt hat.

Der Bauer erntet das Heu, mit dem er die Schafe den Winter über füttert.

Der Schäfer melkt das Schaf auf der Alm.

Schnell! Das Heu muss gebündelt werden, bevor es anfängt zu regnen.

Wölfe sind nicht so gefährlich wie streunende Hunde.

Dies ist ein Pyrenäen-Schäferhund.

Der Schäferhund lebt schon von klein auf mit den Schafen.

Ein Hund eignet sich hervorragend zum Zusammentreiben verirrter Schafe.

Hilfe, ein Wolf!

In der Morgendämmerung werden die Schafe unruhig. Ein Wolf streift umher. Der Wachhund hat ihn gerochen. Er lässt sich wie immer mitten in der Herde treiben und ist so gut wie unsichtbar. Als der Wolf näher kommt, wirft sich der Hund zwischen das Raubtier und die Schafe. Wenn er die Zähne fletscht, weicht der Wolf ängstlich zurück. Er will nicht gebissen werden!

Die Rückkehr

Nachts ist es jetzt kälter und die Blätter welken – es wird Herbst. Für die Schafe wird es Zeit, die Alm zu verlassen.
Der Schäfer treibt die Tiere mithilfe seines Hundes zusammen und führt sie langsam bergab. Jeder Bauer kann seine Tiere an den Buchstaben erkennen, die auf ihren Rücken gemalt sind.
Die Mutterschafe haben schon wieder einen dicken Bauch. Ihre Lämmer werden in der Wärme des Schafstalls zur Welt kommen.

Die Schafe machen sich auf den Rückweg ins Tal.

Der Schäfer ermuntert das Leittier der Herde.
Es macht schon alles richtig!

Artenschutz

Nutztiere

Vor achttausend Jahren haben die Menschen entdeckt, dass Mufflons Wolle, Milch und Fleisch geben. Mufflons sind die Vorfahren der Schafe. Seit sie als Haustiere dienen, wurden verschiedene Rassen gezüchtet – den menschlichen Bedürfnissen entsprechend.
Schafe pflegen die Berglandschaft, denn indem sie das Gras fressen, befreien sie das Gelände von Gestrüpp. So verhindern sie Brände und Lawinen.

Die Wolle wird in allen möglichen Farben gefärbt. Sie ist leicht, fest und schützt gut gegen Kälte.

Nackt!

Wenn die Schafe ihr Fell behalten, können sich darin Insekten und Pilze vermehren, die Krankheiten verursachen. Bei der Schur schert der Mensch dem Schaf innerhalb von fünf Minuten das Fell. Danach wird die Wolle behandelt und gefärbt. Damit kann man bunte Pullis stricken. Zurzeit können Schafzüchter vom Erlös der Wolle gerade noch den Schafscherer bezahlen.

Artenschutz

Sanft wie ein Lamm

Manchmal müssen Lämmer mit der Milchflasche ernährt werden. Schafe mit Zwillingen oder Drillingen können oft nicht alle Lämmer säugen. Einige Züchter verkaufen die Milch und geben dem Lämmchen lieber die Flasche. Die Lämmer sind gut genährt und gedeihen hervorragend.

 Lämmer sind sehr hungrig! Anfangs trinken sie einen Liter pro Tag, kurz darauf schon zwei!

Aus zwölf Litern Milch werden drei Kilo Käse.

Schafskäse

Eine der leckersten Käsesorten wird aus Schafsmilch hergestellt: Roquefort. Er ist nach dem französischen Dorf benannt, wo er hergestellt wird. Die Käsereien stellen aus der Milch täglich Käselaibe her, die anschließend in feuchten kühlen Kellern drei Monate lang reifen.
Wenn der Roquefort dann wieder ans Tageslicht kommt, ist aus ihm ein köstlicher Käse geworden!

Familienalbum

Die Verwandten

Der Züchter möchte eine Schafrasse mit besonders viel Fell züchten. Dazu muss er aus seiner Herde einen Bock und ein Schaf miteinander paaren, die besonders dichtes Fell haben. So erhält er über mehrere Generationen eine Schafrasse mit schwerer Wolle, wie die Merinoschafe. Auf die gleiche Weise werden auch Schafe, die viel Milch oder leckeres Fleisch geben, gezüchtet.

Das Manech-Schaf

Das **Manech-Schaf** ist in den Pyrenäen und am angrenzenden Atlantik verbreitet. Mit seinen schlanken geschickten Hufen erklimmt es mühelos die Berge. Sein dichtes Fell schützt es vor Kälte.

Das Ouessant-Schaf

Das **Ouessant-Schaf** ist die kleinste Schafrasse der Welt. Sie ist vor allem im Westen Frankreichs verbreitet. Dieses Schaf trifft man häufig auf kleinen Höfen an, wo es als ökologischer Rasenmäher dient.

Familienalbum

  Das Jakobschaf

Das **Jakobschaf** fällt wegen seiner vier Hörner auf. Aus der leichten Wolle kann man schöne Tweeddecken herstellen. Dieses Schaf wurde im 18. Jahrhundert aus England importiert.

Das Pré-Salé-Schaf

Pré-Salé-Schafe werden direkt am Meer gezüchtet. In der Umgebung des Mont-Saint-Michel in der Bretagne werden die Weiden vier- bis sechsmal jährlich vom Meer überflutet. Das Gras nimmt einen salzigen Geschmack an, der ins Aroma des Fleisches übergeht. Köstlich!

 Die Skudde

Die **Skudden** stammen aus Ostpreußen und dem Balkan. Die Schafe sind klein und haben große Hörner.
Skudden sind für ihre seidenfeine und häufig strahlend weiße Wolle berühmt.

Fragen zum Leben des Schafs

Welches Tier kümmert sich um die Herde? 7, 15, 18, 22-23, 24	Was versteht man unter Almauftrieb? 18-19
Haben Schafe einen sanften Charakter? 8	Woran erkennt man das Leittier? 19
Wie viele Zitzen haben Mutterschafe? 9	Was fressen Schafe im Winter? 21
Wie sieht Schafwolle aus? 9	Wer überwacht die Schafe und hält sie zusammen? 22-23
Haben nur Böcke Hörner? 9	Woran erkennen die Züchter ihre Tiere? 24
Woran erkennt das Mutterschaf ihr Lamm? 11	Wie heißen die Vorfahren der Schafe? 26
Bekommen Schafe manchmal auch Zwillinge? 11	Wie viele Liter Milch trinkt ein neugeborenes Lamm? 27
Wie lange werden Lämmer gesäugt? 12	Wie viel Milch braucht man, um drei Kilo Käse herzustellen? 27
Was fressen Schafe? 12-13, 16, 21	Kennst du den Namen eines Schafskäses? 27
Wozu dient der Salzstein? 13	Welche Schafrasse hat vier Hörner? 29
Wie heißen die Feinde der Schafe? 15, 22-23	Bei welcher Schafrasse schmeckt das Fleisch salzig? 29
Wie fressen Schafe Gras? 16	
Womit werden Schafe geschoren? 17	
Weshalb werden die Schafe geschoren? 17, 26	

In der gleichen Reihe erschienen:

Die Ameise ISBN 978-3-480-22564-4
Der Biber ISBN 978-3-480-22601-6
Die Biene ISBN 978-3-480-22407-4
Der Delfin ISBN 978-3-480-22638-2
Das Eichhörnchen ISBN 978-3-480-22460-9
Die Eidechse ISBN 978-3-480-22565-1
Der Eisbär ISBN 978-3-480-22418-0
Der Elefant ISBN 978-3-480-22477-7
Der Esel ISBN 978-3-480-22714-3

Der Fuchs ISBN 978-3-480-22461-6
Der Frosch ISBN 978-3-480-22637-5
Die Giraffe ISBN 978-3-480-22712-9
Der Gorilla ISBN 978-3-480-22642-9
Der Hai ISBN 978-3-480-22713-6
Das Huhn ISBN 978-3-480-22522-4
Der Hund ISBN 978-3-480-22464-7
Der Igel ISBN 978-3-480-22466-1
Das Kaninchen ISBN 978-3-480-22562-0

Die Katze ISBN 978-3-480-22636-8
Der Marienkäfer ISBN 978-3-480-22463-0
Die Maus ISBN 978-3-480-22715-0
Die Meise ISBN 978-3-480-22698-6
Der Panda ISBN 978-3-480-22334-3
Das Pferd ISBN 978-3-480-22419-7
Der Pinguin ISBN 978-3-480-22410-4
Der Regenwurm ISBN 978-3-480-22408-1
Das Reh ISBN 978-3-480-22333-6

Die Robbe ISBN 978-3-480-22420-3
Die Schildkröte ISBN 978-3-480-22462-3
Der Schmetterling ISBN 978-3-480-22406-7
Die Schnecke ISBN 978-3-480-22563-7
Das Schwein ISBN 978-3-480-22645-0
Die Spinne ISBN 978-3-480-22465-4
Der Tiger ISBN 978-3-480-22521-7
Der Wolf ISBN 978-3-480-22599-6